O LIVRO DAS PODEROSAS
ANITTA

São Paulo
2017

© 2017 by Universo dos Livros
Todos os direitos reservados e protegidos pela Lei 9.610 de 19/02/1998.
Nenhuma parte deste livro, sem autorização prévia por escrito da editora, poderá ser reproduzida ou transmitida sejam quais forem os meios empregados: eletrônicos, mecânicos, fotográficos, gravação ou quaisquer outros.

Diretor editorial: **Luis Matos**
Editora-chefe: **Marcia Batista**
Assistentes editoriais: **Aline Graça e Letícia Nakamura**
Revisão: **Nestor Turano Jr.**
Arte: **Aline Maria e Valdinei Gomes**
Projeto gráfico e diagramação: **Marina de Campos e Valdinei Gomes**
Capa: **Marina de Campos**
Imagem de capa: **AgNews**
Imagens internas: **Futura PRESS, Getty Images e Shutterstock**
Revisão técnica: **Central Anitta e Conexão Anitta**

Dados Internacionais de Catalogação na Publicação (CIP)
Angélica Ilacqua CRB-8/7057

A617
    Anitta : o livro das poderosas / elaborado por Universo dos Livros. — São Paulo : Universo dos Livros, 2017.
    160 p.: il.
    ISBN: 978-85-503-0200-3

    1. Anitta, 1993 - biografia 2. Cantoras – biografia 3. Celebridades - biografia I. Título

17-1092   CDD 927.81

Universo dos Livros Editora Ltda.
Rua do Bosque, 1589 – Bloco 2 – Conj. 603/606
CEP 01136-001 – Barra Funda – São Paulo/SP
Telefone/Fax: (11) 3392-3336
www.universodoslivros.com.br
e-mail: editor@universodoslivros.com.br
Siga-nos no Twitter: @univdoslivros

SUMÁRIO

6   **INTRODUÇÃO**

11   **MENINA**
Capítulo 1
A menina de Honório Gurgel
surpreenderia muita gente

19   **MÚSICA**
Capítulo 2
Adeus, Administração, meu negócio
é Música!

25   **PASSOS**
Capítulo 3
Os primeiros passos para chegar
arrasando

31   **RAINHA**
Capítulo 4
A rainha do bonde das poderosas!

37   **MUSA**
Capítulo 5
A musa que veio para ficar

43 BANG!
Capítulo 6
Bang: um tiro certeiro!

51 PARCERIAS
Capítulo 7
Parcerias rumo ao sucesso

55 MUNDO
Capítulo 8
Partindo em busca do mundo

65 DISCOS
Capítulo 9
Discografia

71 SEGREDO
Capítulo 10
O segredo de Anitta

77 NEGÓCIO
Capítulo 11
A dona do próprio negócio

83 SUCESSO
Capítulo 12
Fama e sucesso

91 EXÉRCITO
Capítulo 13
Toda rainha tem seu exército

97 SINCERA
Capítulo 14
Anitta sincera

103 GENTE
Capítulo 15
Gente como a gente

109 PODER
Capítulo 16
Empoderamento feminino

115 BELEZA
Capítulo 17
Toda beleza vale

119 ORGULHO
Capítulo 18
Orgulho e preconceito

125 ECLÉTICA
Capítulo 19
Uma alma musical eclética

131 RAIO X
Capítulo 20
Prêmios e raio x

141 MÚSICAS
Capítulo 21
Anitta por suas músicas

151 ALMA
Capítulo 22
Uma relação de alma

157 NÃO PARA
Capítulo 23
E não para!

INTRODUÇÃO

QUEM PODE, PODE, NÉ? E parece que Anitta já nasceu sabendo que podia, e muito! Essa mulher é mesmo poderosa: arrasta milhares de seguidores por onde passa, bate inúmeros recordes e se estabelece cada vez mais como fenômeno da música brasileira. Tudo isso, claro, fruto de muita dedicação e trabalho.

Anitta parece gostar muito de lacração, de quebrar tudo mesmo! Só na sua conta oficial do Instagram, a cantora possui mais de 21 milhões de seguidores, o que a tornou a quarta celebridade brasileira mais seguida da rede social, segundo o jornal *Extra*. Além disso, ela figura em 15º lugar no Social 50 da *Billboard* norte-americana, à frente de nomes mundialmente conhecidos como Shakira, Taylor Swift, Beyoncé e Lady Gaga. No YouTube, seus vídeos registram mais de 2,5 bilhões de visualizações e ela já foi eleita a mulher mais sexy do mundo pela revista *VIP*.

Se não for para ser hit, Anitta nem se dá o trabalho de fazer. Esse foi o caso do seu álbum *Bang*, que vendeu mais de 300 mil cópias em uma época que anuncia a morte dos CDs. Isso sem falar que toda música que ela faz vira sucesso e vai direto para o topo das paradas. O single "Paradinha" é um caso clássico e chegou arrasando quarteirões. Foi a melhor estreia de um artista nacional no Spotify, além de ter sido tocado mais de 500 mil vezes em um só dia.

Alguém aí tem dúvidas de que essa mulher é mesmo poderosa? Ela pode ter apenas 24 anos, mas dispensa empresários e gerencia pessoalmente cada detalhe de sua carreira vitoriosa. Desde o figurino, passando por publicidade, marketing, redes sociais, reuniões com patrocinadores, roteiros de shows, vendas e carreira internacional, além de mais de cinquenta funcionários; tudo está sob o comando dela.

Para quem ouve sua história e acompanha seu crescimento a mil quilômetros por hora, pode ser difícil acreditar que até pouco tempo atrás ela era uma garota sonhadora que fazia shows para suas bonecas. Contudo, um sucesso estrondoso como o dela não acontece sem obstáculos. E, no caso de Anitta, dificuldades não faltaram: origem humilde, falta de recursos para investir na carreira, preconceito por ser uma cantora que despontou no funk, etc., etc., etc. Mas quem disse que a poderosa se preocupa com esses detalhes? Para ela, eles foram apenas combustível para uma superação cada vez maior.

Neste livro, ilustrado do começo ao fim e feito especialmente para os fãs, apresentamos todo o poder que envolve o universo Anitta: trajetória de sucesso, vida, curiosidades, momentos marcantes, tino apurado para novas tendências, além da personalidade forte e cativante que a faz transpor barreiras para conquistar os objetivos almejados. Afinal, antes de ser uma cantora poderosa, ela é uma mulher cheia de força de vontade, que deseja mostrar às mulheres que nós podemos tudo quando nos dedicamos aos nossos sonhos.

Assim é Anitta: detesta errar, não gosta de gente puxa-saco e trabalha incansavelmente para ser cada dia melhor naquilo a que se propõe. Não é à toa que ela conquistou o amor e a admiração do público brasileiro.

Então, PRE-PA-RA que agora é hora de entrar no contagiante universo da Anitta!

MARCIA BATISTA
EDITORA-CHEFE DA UNIVERSO DOS LIVROS

Capítulo 1

A MENINA DE HONÓRIO GURGEL SURPREENDERIA MUITA GENTE

QUEM CONHECEU LARISSA de Macedo Machado (nome de batismo de nossa musa) desde pequena, talvez jamais poderia imaginar a estrela em que a menina se tornaria. Afinal, ela estreou no palco do mundo em 30 de março de 1993, no Rio de Janeiro, em uma família humilde, que não tinha muitos recursos financeiros nem contatos na área musical para apoiar o sonho da garota.

Sempre que nos deparamos com uma história de puro sucesso nos questionamos: será que há alguma receita para se tornar uma popstar do porte de Anitta? Difícil afirmar isso, pois são poucos os que chegam a esse patamar. Ela, no entanto, parece saber de cor o segredo para uma carreira gloriosa. Assim como tudo que vem de nossa estrela é muito surpreendente, também é de se admirar como a poderosa começou sua trajetória: cantando na igreja. Sim! Na igreja!!! Anitta cantava no coral da igreja Santa Luzia.

Nessa época, ela acompanhava de perto os ensaios do avô, que era tecladista e, sempre que encontrava uma oportunidade, roubava o microfone para dar uma palhinha. Acontece que essa brincadeira surpreendeu uma das cantoras da banda, que disse: "Essa menina tem de cantar com a gente!". Essa foi a deixa que a nossa futura lacradora, então apenas uma criança, estava esperando para dar os primeiros passos no palco – no caso, o palco de uma igreja.

Sempre que questionada sobre seu início, Anitta afirma que muito de seus conhecimentos sobre música foram aprendidos no período em que fez parte da banda da igreja, uma vez que todas as práticas e técnicas aprendidas nesse momento a fizeram evoluir muito.

Vocês devem estar se perguntando agora: mas e a dança? Pois bem, o famoso quadradinho não foi aprendido no púlpito – para alívio dos fiéis mais conservadores (risos!) –, mas aconteceu naturalmente, pois ela é alguém que vê na dança uma forma de se expressar.

De fato, Anitta é umas daquelas pessoas que já nasceram sabendo o que faria na vida. Mesmo antes de se tornar uma integrante na banda da igreja, aos 8 anos (precoce, não?), ela vivia cantando e fazendo shows para uma plateia imaginária. No entanto, até ela realizar seu sonho de cantar profissionalmente, houve algumas pedras em seu caminho.

Anitta nasceu em Honório Gurgel, local de classe média baixa, onde morava com seus pais e seu irmão. A vida, que já não era muito fácil, ficou ainda mais dura depois de a loja de baterias automotivas de seu pai, Mauro Machado, falir. A mãe, Miriam Macedo, havia se separado de Mauro quando os filhos eram bem pequenos e à época trabalhava como costureira para seu sustento e dos dois filhos. Aos 11 anos, Anitta, e o irmão Renan, com 14 anos, tiveram de abandonar o colégio particular para ingressar em uma escola pública, a Escola Municipal Itália.

Apesar de focada nos estudos, pois, como dizia seu pai, a carreira artística não tinha futuro, a diva não deixou de lado sua paixão: fez aulas de dança de salão cedidas por um amigo de sua mãe e cantava sempre que podia. A mãe também a incentivou a frequentar aulas de inglês, algo pelo qual é muito grata hoje em dia, tendo em vista a quantidade de compromissos internacionais que vem conquistando.

Desde sempre a personalidade batalhadora de Anitta já era evidente, como afirmou sua mãe em entrevista: "Quando o pai dela foi embora, ela tinha um ano e oito meses. Eu não podia pagar babá ou deixar ela e o irmão sozinhos em casa. Então, costurava. Já mais velha, Anitta ia para a escola e, quando chegava, sentava na máquina e fazia questão de me ajudar. Trabalhava até tarde. Eu falava: 'filha, você tem que descansar', mas ela não saía do meu lado. Sempre foi muito guerreira."

Seguindo os conselhos e a preocupação do pai, com 16 anos Anitta fez um curso técnico em Administração. O objetivo era conseguir trilhar o caminho em uma carreira mais estável, o que a possibilitou ser aprovada no estágio de uma grande mineradora brasileira. E ser aprovada nesse processo seletivo foi a primeira prova de fogo que a nossa musa enfrentou, pois eram 5 mil candidatos para apenas 5 vagas! Dá para acreditar nessa superação?!

Apesar de feliz com a aprovação, a futura estrela se deparou com um problema: com que roupa trabalharia? Afinal, seu guarda-roupa estava longe de ser adequado para o estilo social que a nova etapa da vida exigia. Mais uma vez, a vida colocava um teste em seu caminho. Esse pequeno problema, entretanto, não a intimidou, e ela decidiu trabalhar como vendedora de loja durante um mês com o objetivo de comprar as roupas necessárias para a nova oportunidade profissional. As tias de Anitta juntaram dinheiro para ajudá-la na empreitada, demonstrando que desde sempre a musa contou com o apoio incondicional da família.

Foi durante o período de estágio, em que ganhava

R$ 600 por mês, que Anitta gravou o vídeo com o perfume que, embora esteja em um nível de qualidade incomparavelmente inferior aos atuais, foi suficiente para chamar a atenção do produtor Batutinha, reconhecido no cenário musical brasileiro por ter lançando nomes de sucesso do funk nacional como Naldo e Valesca. Ao assistir o vídeo e se surpreender com o potencial da menina que dançava e cantava de vestido com seu perfume na mão, Batutinha enviou um e-mail para a conta de YouTube de Anitta. A cantora recebeu a mensagem, mas achou que fosse um trote, pois era inacreditável demais para ser verdade. Para sorte dela e de todo o Brasil, esse foi o começo de sua carreira.

O período de estágio se encerrou e os testes com o produtor Batutinha se iniciaram. Na hora de assinar o contrato de efetivação na mineradora, Anitta decidiu apostar alto em seus sonhos e recusar a proposta mais segura na época. E decidiu anunciar seus planos a todos: iria ser cantora! No fundo, em seu coração, ela sabia que não havia outra escolha a ser feita.

GLAUCON FERNANDES/FUTURA PRESS

Difícil de acreditar?

NOSSA PODEROSA COMEÇOU SUA TRAJETÓRIA CANTANDO NA IGREJA!

Capítulo 2

ADEUS, ADMINISTRAÇÃO, MEU NEGÓCIO É MÚSICA!

MESMO DEPOIS DE COMEÇAR a trabalhar com Administração, Anitta sabia que seu talento era mesmo voltado para a área musical. Muitos eram os obstáculos rumo à realização de seu sonho: necessidade de batalhar pelo pão de cada dia, pouco dinheiro para investir em formação e descrença daqueles que estavam ao seu redor.

Mas Larissa sempre foi Anitta, e nada ia fazer com que deixasse para lá seu talento e a intuição de que poderia dar certo no ramo. Foi assim que, enquanto estagiava na mineradora, fazia vídeos caseiros de cover e colocava em seu canal, o que mostra que ela já tinha faro para o negócio desde aquela época, visto que apostou no YouTube como divulgação.

Uma curiosidade demonstra o quanto nossa poderosa sabia ser predestinada para o sucesso: mesmo antes de qualquer tentativa na carreira, ela falava para todos ao redor que eles deveriam treinar para quando fossem entrevistados para o "Arquivo Confidencial" do Programa do Faustão. Não é que essa intuição foi, de fato, certeira? Realmente, em 2016, e muito merecidamente, ela foi surpreendida e participou do quadro.

A intuição impediu a jovem cantora de desistir. Larissa nunca se deu por vencida, mas também sabia que não seria fácil conquistar seu maior desejo. Foi nesse momento, inclusive, que apareceu o nome artístico "Anita". A princípio apenas com um T, baseado no personagem da minissérie de tremendo sucesso da Globo, *Presença de Anita*. De acordo com a própria cantora, a escolha do nome foi em virtude da identificação que teve com o personagem, que era "menina e mulher ao mesmo tempo e conseguia ser sexy sem ser vulgar" – características que a inspiraram em seu próprio trabalho.

Quando a pessoa é determinada e focada como ela, sabe que não há tempo a perder quando se trata de concretizar sonhos. Portanto, o seu esforço contínuo lhe rendeu os melhores frutos.

Como dissemos anteriormente, foi em 2009 que surgiu o vídeo que foi o pontapé para o seu sucesso. Esse vídeo era um cover da música "Soltinha", da cantora de funk Priscila Nocetti.

Ao se deparar com o vídeo na internet, Renato Azevedo – o Batutinha – ficou impressionado com a menina que via dançando e cantando com um

perfume na mão e sentiu que poderia estar diante de uma grande promessa. Mas, talvez, nem mesmo ele pudesse imaginar o patamar que sua garota revelação atingiria. Produtor da Furacão 2000 na época, estava à frente (ou nos bastidores) de grandes sucessos do funk, como o hit "Glamurosa", do Mc Marcinho, e agora buscava alguém em início de carreira para transformá-la no novo ícone pop da cena nacional. Vemos que ele acertou em cheio, pois não haveria ninguém mais lacradora para esse papel do que a nossa poderosa.

Após a primeira conversa, a musa fez um teste em estúdio com o produtor, que presenciou uma performance a cappella e obteve a certeza de que sua futura estrela sabia dançar. Esse combo "canto + dança" só assegurou a escolha certeira de Batutinha para sua nova diva. Para refinar ainda mais o estilo da artista, o produtor sugeriu que ela incorporasse ao funk o stiletto – estilo de dança que mistura hip-hop e jazz sobre salto alto, brilhantemente usando por Beyoncé, por exemplo, e que ressalta a sensualidade e o ritmo da mulher –, algo totalmente presença de Anitta!

A sugestão foi genial, pois até hoje Anitta usa e abusa dos movimentos do stiletto, sendo reconhecida por suas coreografias que agitam pistas de dança do Brasil inteiro. Outra sugestão certeira do produtor foi a adição de mais um T no nome artístico. Se foi uma questão de numerologia ou para evitar problemas de direitos autorais, não importa; fato é que arrasou!

> "Tento sempre me manter com pé no chão e ter certeza do porquê estou dando esses passos, e quero ter certeza de que seja pelo motivo certo. Meu motivo é quebrar barreiras e passar mensagens boas."

Anitta,

em entrevista à BBC Brasil

Capítulo 3

OS PRIMEIROS PASSOS
PARA CHEGAR ARRASANDO

ALGUNS PODEM ATÉ ACHAR que todo o sucesso da Anitta é sorte, contudo, quem conhece sua história sabe que nada caiu de mão beijada na vida da cantora. Ao contrário: desde sempre, ela escolheu ser uma profissional de sucesso e sabia das concessões que teria de fazer para chegar lá.

Quando ainda estava fazendo o estágio na mineradora, a futura popstar levantava às cinco da manhã para frequentar o inglês, cursar aula de dança (e precisa?!) e se preparar para o que queria. Ah, ela também fazia ginástica a fim de permanecer em forma para quando tivesse a oportunidade de fazer shows – tudo isso enquanto viver só da música estava longe de ser realidade.

A estrela sempre enfatiza que seu sucesso é fruto de muita dedicação e de investir todo foco e energia no trabalho. Para tanto, teve de abrir mão do descanso e da farra, pois enquanto suas amigas iam badalar, ela se desdobrava em mil para atingir suas metas. Prova disso é que, ainda aos 16 anos, já ficava por aí tentando contatos no ramo e fazia diversos shows de graça para poder ganhar experiência. Determinada, ela agendava apresentações em casas de shows e Renan, seu irmão, era o DJ.

Depois do primeiro contrato assinado com a Furacão 2000, em 2009, a musa gravou sua primeira música "Eu Vou Ficar", que passou a ser tocada nas rádios. A artista também começou a participar de gravações e shows inicialmente apenas no Rio de Janeiro e em locais onde predominava a cultura do funk. Anitta começava a ensaiar suas primeiras conquistas e trabalhava cada vez mais, não só em cima dos palcos dançando e cantando como ninguém, mas também nos bastidores, verificando repertório, coreografia, logística e tudo o mais.

Foco, força e fé!

O SUCESSO DE ANITTA É FRUTO DE MUUUITA DEDICAÇÃO E DE INVESTIR TODO FOCO E ENERGIA NO TRABALHO!

Acontece que Anitta não era a única cantora da produtora e não recebia toda atenção e destaque que merecia. Assim, percebeu que seria preciso seguir novos caminhos para alçar voo em direção aos seus maiores sonhos.

Então, em junho de 2012, a empresária Kamilla Fialho assistiu a um show de Anitta e, como sempre, ela foi lacradora. Kamilla seria mais uma pessoa a visualizar o potencial de público que Anitta tinha e, por isso, decidiu ser a empresária da cantora, para ajudá-la a se destacar cada vez mais.

Essa nova parceria profissional se iniciou com a gravação do clipe "Meiga e Abusada", que foi uma aventura incrível para nossa musa. As filmagens ocorreram em Los Angeles e o diretor foi Blake Farber, um profissional renomado que já trabalhou com nomes incríveis do cenário musical mundial, como Beyoncé e Alicia Keys.

Com tudo isso em vista, Anitta, que estava sem gravadora, não permaneceria assim por muito tempo, pois a poderosa Warner Music se atentou ao sucesso que a artista vinha fazendo no Rio de Janeiro e, logo, a cantora estava de casa nova. Ao mesmo tempo em que assinava com a nova gravadora, a cantora elevava sua música "Meiga e Abusada" às top dez mais pedidas das rádios brasileiras e, como prova de êxito, entrou na trilha sonora da novela *Amor à Vida*, da Rede Globo.

Agora, Anitta estava a um passo de gravar o seu primeiro álbum de estúdio, um feito que definitivamente atrairia todos os holofotes em sua direção. O Brasil inteiro agora ia se preparar para conhecer a verdadeira poderosa!

> "Começava a fazer shows de graça por aí, em favela, becos, em buraco. Onde desse. Enquanto as minhas amigas estavam indo pra night, eu ficava ali, focada na música. As pessoas querem chegar longe, mas não querem se sujeitar a começar de baixo."

Anitta,
para o canal "Vendi meu sofá com Gabriela Pugliesi"

MARGARIDA NEIDE/AG. A TARDE/FUTURA PRESS

Capítulo 4

A RAINHA DO BONDE
DAS PODEROSAS!

CONTRATADA POR nada menos que a gravadora Warner Music, esse era o momento de Anitta fazer acontecer, pois, com seus hits estourando no Rio de Janeiro e a carreira nacional decolando, seu primeiro álbum a cada dia mais se consolidava no topo das paradas. Trata-se de um fato inegável, pois o single "Show das Poderosas" a transformou na sensação do momento. E não foi à toa. A música não deixa nem um pouco a desejar, sendo contagiante, dançante e representativa, com a mulher em um papel de poderosa e protagonista, diferentemente de outras canções que faziam sucesso até então.

Sua popularidade aumentou ainda mais quando o clipe foi lançado, em 18 de abril de 2013. Não só os fãs, mas a imprensa também ficou em polvorosa, já que Anitta chegou fazendo barulho e ninguém mais ia segurá-la!

O conceito do clipe apresenta uma estética que a coloca no nível de grandes nomes do pop internacional, especialmente Beyoncé, a quem é constantemente comparada. Em preto e branco, a imponência de Anitta é revelada: sua performance de dança surpreendia a todos cada vez mais, além da postura de quem já havia se descoberto uma diva! Antes mesmo de o clipe ser lançado, a música já figurava entre as top 10 do iTunes, além de tocar incessantemente nas rádios de todo o Brasil. Para coroar o sucesso, a morena se tornou a primeira artista brasileira a ter um vídeo com mais de 100 milhões de visualizações no YouTube, com "Show das Poderosas". É pra quem pode, né?

E não se assuste, pois os números são impressionantes mesmo: "Show das Poderosas" foi a terceira música mais tocada nas rádios do país no ano de lançamento, e o clipe oficial já atingiu a marca de 130 milhões de visualizações,

"SHOW DAS PODEROSAS" FOI A TERCEIRA MÚSICA MAIS TOCADA DE 2013

O CLIPE DE "SHOW DAS PODEROSAS" CONQUISTOU MAIS DE 130 MILHÕES DE VISUALIZAÇÕES NO YOUTUBE

O DISCO VENDEU 40 MIL CÓPIAS EM DEZ DIAS APÓS O LANÇAMENTO

demonstrando como o hit é atual e continua conquistando fãs. Não foi à toa que o Brasil inteiro saiu por aí cantando: pre-pa-ra!

Um dado curioso é que a gravadora queria lançar como single a música "Tá na Mira", que chegou a ter seu clipe filmado. Porém, Anitta não acreditava no potencial da música e bateu o pé, gravando por conta própria "Show das Poderosas", que foi esse enorme sucesso.

Com tamanha repercussão, havia também uma grande ansiedade dos fãs para o primeiro álbum de estúdio da cantora. O homônimo *Anitta* seguiu o rastro estrondoso de "Show das Poderosas" e superou até mesmo as expectativas mais otimistas, vendendo mais de 40 mil cópias em apenas 10 dias após o lançamento.

Tal feito fez a menina "meiga e abusada" conquistar o disco de ouro já com o seu primeiro álbum de carreira. E não ficou por aí. Esse álbum emplacou mais hits no topo das paradas em 2013, como "Não Para" e " Zen".

A música "Zen", aliás, foi um enorme sucesso e lhe rendeu o primeiro lugar no Top 100 da *Billboard Music Brasil*. Um ano depois, "Zen" saiu também em espanhol, em uma parceria com o cantor Rasel, e o clipe já alcançou mais de 2 milhões de *views*. E essa foi apenas a primeira parceria internacional da cantora.

O ano de 2013 foi, realmente, memorável para nossa diva. Como um furacão, ela chegou com um *single* que ficou na boca do país inteiro, além de lançar um álbum de estreia impressionante para uma carreira tão recente.

Reconhecida em território nacional, a cantora ainda tinha muito talento a demonstrar. Restava saber se ela era artista de um sucesso só – como acreditavam os *haters* – ou uma cantora que realmente se consagraria como ícone. A poderosa, entretanto, demonstraria que veio para ficar e para quebrar recordes por onde passasse.

"PRE-PA-RA QUE AGORA É HORA DO SHOW DAS PODEROSAS!"

Capítulo 5

A MUSA QUE VEIO PARA FICAR

MUSA

COM O PRIMEIRO ÁLBUM, Anitta se tornou um fenômeno nacional. O desafio do momento era continuar emplacando hits para seguir a carreira e, apesar de todo o sucesso, não era hora de descansar e curtir. O ano de 2014 já se iniciava com intensidade, pois foi quando entrou em estúdio para gravar seu segundo álbum. A pergunta nesse momento era: será que o segundo disco faria tanto sucesso quanto, ou até mesmo superaria, o álbum de estreia?

Lançado no meio de 2014, "Ritmo Perfeito" também se mostraria um marco. A faixa que dá nome ao disco, bem como o *single* "Blá-blá-blá", mantiveram-se nas paradas de sucesso. Como sempre em constante produção, dessa vez ela lançou não somente seu álbum de estúdio, mas simultaneamente um disco ao vivo e um DVD.

Parecia que tudo o que Anitta tocava virava ouro, porque, assim como na estreia, os novos trabalhos lhe renderam diversos reconhecimentos. *Ritmo Perfeito* ganhou disco de ouro e o DVD *Meu Lugar* foi ainda além e rendeu à musa pop um disco de platina. Em um mês, a poderosa vendeu 90 mil discos, sendo 40 mil cópias do álbum de estúdio e 50 mil do DVD ao vivo.

Como a própria cantora ressaltou em suas redes sociais, os números impressionam não só pelo volume, mas pelo contexto em que o cenário musical se encontra. A cada dia, o formato digital está subvertendo a ordem da indústria, o que traz dificuldade para os artistas emplacarem a venda de álbuns físicos. Anitta revela-se ainda mais um fenômeno quando consegue fazer barulho no ambiente digital, seja em suas redes sociais, seja pela quantidade de downloads de suas músicas e, ainda assim, vender álbum físicos.

Esses projetos representaram um trabalho quase ininterrupto da estrela. A quantidade de shows que fazia e a multidão que arrastava faziam nossa musa crescer exponencialmente. Além disso, tanto trabalho foi suficiente para mostrar a versatilidade e o progresso da artista, que, embora reconhecida pelo *funk melody,* também queria demonstrar sua versatilidade além desse ritmo. A faixa "Cobertor", em parceria com o rapper e produtor musical Projota, mostrou que suas músicas também podiam mergulhar no pop.

No final de 2014, Anitta seguia trabalhando com o segundo álbum, conquistando milhares de admiradores e deixando todos ansiosos pelos próximos passos de sua carreira, uma vez que a expectativa e a exigência de seus projetos só aumentavam. Havia também uma grande pressão no *backstage*, pois, desde o segundo semestre de 2014 a cantora havia decidido gerenciar sua própria carreira, finalizando a parceria que tinha com Kamilla Fialho. Agora, a artista iria colocar em prática mais uma faceta de muitos dos seus talentos: a de empresária. O que viria a seguir? Essa era a pergunta que todos faziam.

NÃO HAVIA LUGAR QUE NÃO ESPERASSE O BONDE DA PODEROSA PASSAR, LEVANDO-A A FAZER 30 SHOWS POR MÊS.
Dá pra imaginar?

A poderosa começou 2015 com uma agenda intensa de trabalhos, com shows por todo o Brasil. Não havia lugar que não esperava ansiosamente o bonde da poderosa passar, levando-a a fazer 30 shows por mês. Dá para imaginar o que é fazer um show por dia? Isso quando não havia dois shows no mesmo dia – em cidades diferentes! Anitta realizava o seu sonho e o Brasil queria que a musa pop não parasse de trabalhar. Isso, para a cantora, significava noites maldormidas, muita preparação e pouca folga. Ufa! Será que ela teria fôlego para se desdobrar ainda mais? Obviamente, para realizar seus sonhos, ela nunca mediu esforços!

E a "máquina de fazer hits" não parava um segundo. Após o clipe "Ritmo Perfeito", lançado no final de 2014, estreou mais uma novidade no início de 2015, o clipe "No Meu Talento", em parceria com Mc Guimê.

Com essa nova fase, mais pop do que nunca, já se começava a especular quais seriam suas próximas apostas enquanto artista. Ainda muito nova, Anitta carregava a responsabilidade de se superar e inovar a cada trabalho. Esta, entretanto, era uma cobrança que partia mais das outras pessoas, pois quem nasceu para o sucesso sabe que consegue lacrar sempre.

> "Vocês estão PREPARADOS? TÁ INCRÍVEL! Trabalho da minha vida."
>
> **Anitta,** sobre o lançamento do álbum *Bang*

Capítulo 6

BANG: UM TIRO CERTEIRO!

ANITTA SEMPRE LEVOU muito a sério sua carreira, não à toa desde cedo dedica boa parte do seu tempo aprimorando as habilidades que sabe serem necessárias para atingir aquilo que almeja. Muito perfeccionista em tudo, faz questão de acompanhar todo o projeto criativo da equipe, além de primar pela qualidade em todos os seus trabalhos. Em julho de 2015, pouco se sabia sobre seu novo disco quando foi lançado o clipe de "Deixa Ele Sofrer", primeiro *single* do misterioso álbum. Como já era de se esperar, foi mais um estouro em sua carreira.

Dirigido pela própria cantora e pelo diretor Gustavo Camacho, o clipe tem uma estética pop toda colorida e foi filmado em plano-sequência. A faixa do *single* chegou a vazar um dia antes do lançamento e causou alvoroço entre os fãs, alcançando o topo do iTunes Brasil.

Sempre antenada com as plataformas digitais, Anitta não hesitou em criar um enorme burburinho em torno do lançamento. Como uma tacada de mestre, anunciou que assistiria ao lançamento do clipe junto aos fãs e ainda interagiria com eles. Os fãs, doidos por qualquer pedaço de Anitta, adoraram a ideia!

O público sentiu um gostinho do que viria a ser o próximo passo na carreira da nossa musa, mas ninguém se contentava só com isso. Tanto a imprensa quanto o público queriam saber cada vez mais. Para conter um pouco a curiosidade de todos (ou atiçar ainda mais!), em agosto de 2015 a cantora anunciou em suas redes

sociais que o tão esperado trabalho sairia em todas as plataformas em outubro de 2015.

Muito já poderia ser esperado de "Bang", que, como a própria cantora afirmou, estava maravilhoso: a direção de arte ficou por conta de Giovanni Bianco, diretor criativo que já trabalhou com ninguém menos que Madonna, além de ser o atual diretor criativo da *Vogue* italiana. Ou seja: o álbum prometia, e muito!

A espera foi intensa, mas chegou ao fim no dia 9 de outubro, com o lançamento do videoclipe de "Bang", o segundo *single* do CD. E, óbvio, o clipe foi um sucesso estrondoso, mostrando uma estética completamente inovadora em formato de *cartoon* que chamou muito a atenção, alcançando 1 milhão de acessos em apenas 6 horas após o lançamento. É isso mesmo, 6 horas! Em 2017, o vídeo chegou a ultrapassar o número de 300 milhões de visualizações, tornando-o o clipe oficial mais assistido de Anitta.

Alguns dias após lançamento do clipe, finalmente os fãs poderiam ter em mãos o esperado terceiro álbum de estúdio da cantora. Mais pop do que nunca, parece ter sido sua obra-prima até então: ainda na pré-venda, conquistou o disco de ouro e se tornou o maior álbum da carreira, com 300 mil cópias vendidas.

No início de 2016, a cantora também lançaria outro clipe com participação de Giovanni Bianco, que seguia a mesma estética cartoon do próprio disco. Com uma pegada de samba, "Essa Mina é Louca" viria a ser o terceiro single de *Bang*, uma música em parceria com o cantor Jhama.

E por falar em samba, nossa poderosa também lacrou (é óbvio) no carnaval em 2016. Anitta foi musa da escola de samba Mocidade Independente de Padre Miguel e estreou na Marquês de Sapucaí em meio a muitos cliques e holofotes da mídia. A rainha de bateria da escola, Claudinha Leitte, fez questão de encontrar nossa musa na concentração antes do desfile. O figurino de Anitta foi confeccionado pelo estilista Henrique Filho, e a cantora saiu à frente de um carro que representava a ditadura militar. Ela simplesmente esbanjou simpatia e samba no pé em sua estreia no tradicional carnaval carioca e foi ovacionada pelo público.

Nesse mesmo ano, Anitta inaugurou o Bloco das Poderosas no Rio de Janeiro. Já na estreia, ela empolgou mais de 180 mil foliões. Em 2017, o público mais que dobrou e atingiu 400 mil pessoas. Ela foi parar também em Salvador, no famoso circuito Barra Ondina. Thaila Ayala, Isabella Santoni, Pabllo Vittar, David Brazil, Bruno de Luca e Monique Alfradique foram alguns famosos que prestigiaram nossa diva no Rio de Janeiro. Outro destaque foi a participação de Nego do Borel, Xande e outros cantores ao lado de Anitta. Cheia de energia, a poderosa ainda deu uma passadinha em Recife para se apresentar no Carvalheira na Ladeira em 2017. Ufa!

DHAVID NORMANDO/FUTURA PRESS

Capítulo 7

PARCERIAS RUMO AO SUCESSO

PROJOTA É, ATUALMENTE, um dos principais nomes do rap no país. Quando fez sua primeira parceria com nossa musa, entretanto, a história não era bem assim. Assim que "Cobertor", *single* do álbum *Ritmo Perfeito* foi lançado em 2014, o rapper paulistano foi surpreendido com a repercussão e o retorno que o trabalho teve. Em entrevista à *Folha de S.Paulo*, ele reconheceu o salto que sua carreira deu após a parceria: "Tinha 90 mil seguidores no Instagram quando gravei com ela. Hoje tenho mais de 1 milhão." Eles também gravaram juntos a música "Mulher", pertencente ao mesmo álbum.

Projota não é o único artista que se uniu à Anitta. De Luan Santana a Jota Quest, Lucas Lucco a Simone e Simaria, sendo para seus próprios álbuns ou para álbuns de outros artistas, Anitta não hesita em unir forças para que uma canção atinja seu máximo potencial. E quem sai ganhando somos nós, afinal, é cada dia um "feat" mais incrível que o outro para levar os fãs à loucura.

Nossa poderosa já fez diversas parcerias, mas foi em *Bang* que a cantora realmente explorou melhor essa faceta. O álbum revolucionário apresentou Anitta cantando ao lado dos mais diversos perfis de cantores: teve "Essa Mina é Louca", com o cantor Jhama; "Gosto Assim", com o rapper Dubeat; "Sim", com Cone Crew Diretoria; "Pode Chegar", com Nego do Borel; além de "Totalmente Demais", com Mc Duduzinho, que posteriormente foi regravada com participação de Flávio Renegado para ser tema da novela homônima da Globo. Houve também "Cravo e Canela", com Vitin, vocalista da Banda Onze:20.

Ufa, muitos hits, não? Mas a lista não termina por aí. Anitta também fez diversas parcerias para além de seus álbuns: "Blecaute", do grupo mineiro Jota Quest; "Beijar à Queima-Roupa", do Lucas Lucco; "Você Aqui", da banda Jamz; "RG", com Luan Santana; "Loka", com Simone e Simaria; "Luxo", com Solange Almeida; "Faz Parte", lançada em 2016 no CD 3Fs ao vivo de Projota; "Na Maldade", do Sorriso Maroto; "Hoje Sonhei com Você", ao lado do Harmonia do Samba; "Felicidade", com a banda Psirico; e as músicas "Sai da Frente"; "Take It Easy", com Preta Gil; "Namorado", com Ferrugem; e "Pra Todas Elas", com o DJ Tubarão.

E quem aí ama o grande sucesso "Você Partiu Meu Coração", música do Nego do Borel com participação de Anitta e Wesley Safadão? O vídeo oficial dessa música no YouTube ultrapassa a marca de 200 milhões de visualizações. Todos de coração partido. Mas não tem problema, né? ♥

O mais incrível é que, mesmo trabalhando de montão nesses *feats* maravilhosos e em suas músicas, nossa diva ainda tem tempo para outras empreitadas. Esse foi o caso, por exemplo, de sua participação do quadro "Dança dos Famosos" no Domingão do Faustão, em 2014. Na ocasião, Anitta se dedicou e apresentou coreografias para diversos ritmos de música, como o forró e a lambada, por exemplo.

E como trabalho e dedicação nunca são demais para Anitta, recentemente ela resolveu se arriscar – e claro, com muito sucesso – no papel de apresentadora. Desde 2016, ela apresenta o "Música Boa ao Vivo" no Multishow. O programa acontece semanalmente às terças-feiras e conta com a participação de artistas do cenário nacional e até mesmo internacional, como foi o caso da ex-Spice Girl, Melanie C.

Haja fôlego, poderosa!

Capítulo 8

PARTINDO EM BUSCA DO MUNDO

ANITTA SEMPRE FEZ questão de colaborar com outros artistas, como vimos no capítulo anterior. Afinal, como a própria cantora disse, o importante é elevar ainda mais a força e o potencial de cada talento por meio da união – o chamado *cobranding*.

Já muito reconhecida e consolidada no mercado nacional, a expectativa (e a torcida) é exponencial pelos passos além das terras tupiniquins. Muito inteligente e estrategista, entretanto, a cantora ressalta que está fazendo tudo com calma, e que não hesitará em dar passos demorados para chegar aonde almeja.

A paciência e o planejamento são seus melhores aliados rumo ao sucesso. Prova disso foi sua primeira apresentação internacional, que ocorreu nada menos do que no Grammy Latino, em 2014, apresentando a música "Zen" com trechos em espanhol. Essa música, inclusive, concorreu ao prêmio de Melhor Canção Brasileira nesse mesmo ano.

Anitta está acertando em cheio em suas investidas. Como forma de entrar no mercado internacional e mostrar todo o seu talento, vem apostando em parcerias estratégicas para elevar sua percepção de marca. No caso, não apenas a cantora ganha em relevância como o parceiro também, visto que o meio artístico internacional já conhece e respeita a cantora. Confira na sequência a lista de parcerias internacionais de Anitta.

AS PARCERIAS

J. Balvin - "Ginza"

J. Balvin é um dos nomes mais representativos do ritmo latino *reggaeton*.

O colombiano atingiu o sucesso musical com o hit "Ginza", um *reggaeton* extremamente cativante. Esse foi o primeiro passo para levar a voz de Anitta para o exterior: em fevereiro de 2016, foi lançado um remix com ela. A cantora incluiu versos em português na música e colocou o nome do colombiano em todas as paradas de sucesso das rádios brasileiras.

Maluma - "Sim ou Não"

Assim como J. Balvin, Maluma é colombiano e também um representante do *reggaeton*. A parceria entre os dois, em julho de 2016, foi um sucesso: "Sim ou Não", clipe gravado na Cidade do México, era aguardadíssimo por todos os fãs. Nessa parceria, que mistura batidas de funk e *reggaeton*, os cantores interpretam e dançam juntos, enquanto Anitta canta em português e Maluma em espanhol. O êxito foi tanto que, em dezembro do mesmo ano, gravaram o clipe com a versão em espanhol. O reconhecimento do trabalho foi tamanho que impulsionou uma parceria entre Maluma e Shakira no final de 2016: a música "Chantaje". O clipe de "Chantaje" tornou-se o mais visto da cantora colombiana, ultrapassando 1,5 bilhão de *views*.

Iggy Azalea · "Switch"

Assim como Anitta, Iggy Azalea é uma cantora cheia de atitude. Nessa parceria, a diva brasileira fez sua primeira experiência musical na língua inglesa, levando-a a um feito incrível: em junho de 2017, Anitta e Iggy Azalea se apresentaram no programa *The Tonight Show*, com Jimmy Fallon. Anitta foi a primeira cantora brasileira a se apresentar nesse palco. Obviamente, nós, fãs incondicionais da poderosa, fizemos tremer as redes sociais para exaltar Anitta. Afinal: o exército é pesado e a gente tem poder, né? Estamos aqui para apoiar as vitórias da nossa musa!

Major Lazer e Pabllo Vittar · "Sua Cara"

A parceria entre Anitta, o trio de DJs Major Lazer e a maravilhosa *drag queen* Pabllo Vittar é a mais recente aposta internacional da cantora. O lançamento oficial do clipe levou os fãs ao delírio e derrubou a internet em 30 de julho de 2017. Gravado no Marrocos debaixo de um sol de nada menos do que 47 graus, o vídeo já contava com mais de 20 milhões de visualizações apenas 24 horas após ser lançado. Óbvio que foi *trending topic* no Twitter e o assunto mais comentado em todas as redes sociais. Para comemorar o lançamento, Anitta e Pabllo se apresentaram na festa "Combatchy" da The Week carioca e deram um show de simpatia e união. Aliás, um repórter que nem merece ter o nome citado aqui ficou de costas para Pabllo durante a entrevista e levou um *vrau* da Anitta. Que deselegante!

Olimpíada Rio 2016

Embora essa parceria seja brasileiríssima, a repercussão foi internacional. Nossa poderosa cantou ao lado de ninguém menos que Gilberto Gil e Caetano Veloso na abertura da Olimpíada, em pleno Maracanã lotado. Eles cantaram a música "Isto Aqui, O Que É?", de Ary Barroso, e foram celebrados pelo público. "Recebi o convite para cantar na abertura quando eu estava em Nova York, na minha viagem de aniversário. Não acreditei. Foi o Caetano que se lembrou de mim e eu fiquei sem palavras. Ele é inacreditável e sempre lembra de mim", revelou Anitta ao site Ego.

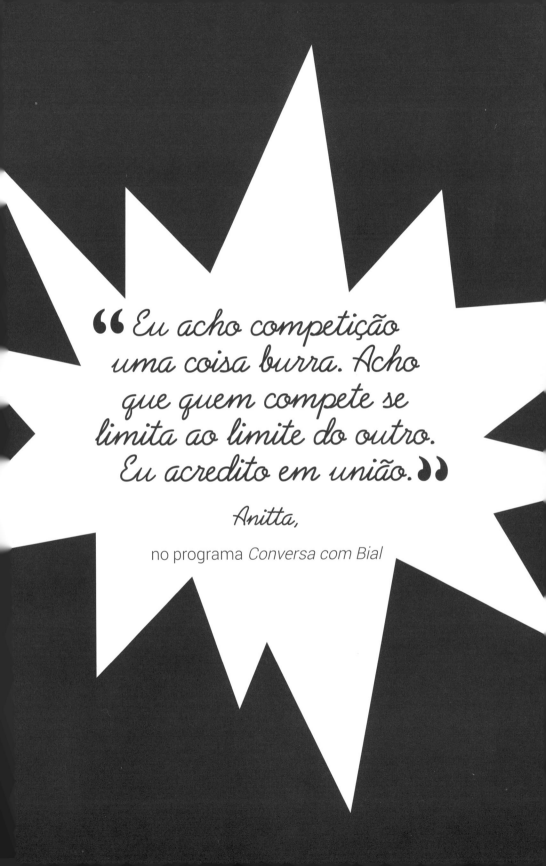

"Eu acho competição uma coisa burra. Acho que quem compete se limita ao limite do outro. Eu acredito em união."

Anitta,

no programa Conversa com Bial

FABRICE COFFRINI/GETTY IMAGES

Capítulo 9

DISCOGRAFIA

PRATICAMENTE DESDE que nasceu, o sonho de Anitta era ser cantora. Com toda garra e determinação, não é de se espantar que aos 24 anos ela tenha nada menos do que quatro álbuns, sendo três de estúdio e um ao vivo. Com planos ambiciosos, a expectativa é que a lista abaixo cresça cada vez mais:

ANITTA
LANÇAMENTO: 6 DE JULHO DE 2013

Tracklist

1. Show das Poderosas
2. Meiga e Abusada
3. Tá na Mira
4. Zen
5. Achei
6. Menina Má
7. Príncipe de Vento
8. Não Para
9. Eu Sou Assim
10. Fica Só Olhando
11. Proposta
12. Cachorro Eu Tenho em Casa
13. Som do Coração

RITMO PERFEITO

LANÇAMENTO: 3 DE JUNHO DE 2014

2

Tracklist

Na Batida .1
Ritmo Perfeito .2
Música de Amor .3
Cobertor (com Projota) .4
Mulher (com Projota) .5
No Meu Talento .6
Blá-Blá-Blá .7
Quem Sabe .8
Vai e Volta .9
Blá-Blá-Blá (Remix) .10
Zen (com Rasel) .11
No Meu Talento .12
(com Mc Guimê)

MEU LUGAR
(CD E DVD AO VIVO)

LANÇAMENTO: 3 DE JUNHO DE 2014

Tracklist

1. Porta do Centro da Terra (Abertura)
2. Não Para
3. Menina Má
4. Proposta
5. Cachorro Eu Tenho Em Casa
6. Eu Sou Assim
7. Fica Só Olhando
8. Ritmo Perfeito
9. Achei/ Príncipe de Vento
10. Zen
11. Quem Sabe
12. Música de Amor
13. Cobertor (com Projota)
14. Mulher (com Projota)
15. Eu Vou Ficar (Remix)
16. Tá na Mira
17. Meiga e Abusada
18. Na Batida
19. Movimento da Sanfoninha
20. No Meu Talento
21. Blá-Blá-Blá
22. Show das Poderosas

BANG
LANÇAMENTO: 13 DE OUTUBRO DE 2015

Tracklist

1. Bang
2. Deixa Ele Sofrer
3. Cravo e Canela (com Vitin)
4. Parei
5. Essa Mina É Louca (com Jhama)
6. Atenção
7. Gosto Assim (com Dubeat)
8. Show Completo
9. Volta Amor
10. Sim (com Cone Crew)
11. Pode Chegar (com Nego do Borel)
12. Eu Sou do Tipo
13. Deixa a Onda te Levar
14. Me Leva a Sério
15. Deixa Ele Sofrer (Acústico)

Capítulo 10

O SEGREDO DE ANITTA

QUE ANITTA ARRASTA multidões e sempre chega aonde deseja, não é segredo para ninguém. Ao conhecer melhor sua história, fica até mais fácil compreender a natureza de tanto sucesso, afinal, ninguém vira estrela da noite para o dia sem ter talento, determinação e muito trabalho por trás disso, e nossa poderosa é um verdadeiro exemplo a ser seguido.

Analisar a trajetória de estrelas como ela significa identificar um pouco dos ingredientes para o verdadeiro sucesso. Claro que há sempre um ingrediente especial e particular, que é a estrela de cada um – como é o caso de nossa garota prodígio. Por isso, qualquer pessoa que tenha grandes conquistas como meta pode e deve se inspirar nas características da nossa poderosa para fazer acontecer.

Abaixo, alguns *highlights* que compõem a trajetória do sucesso.

1. DETERMINAÇÃO

Estabeleça uma meta e acredite nela

Desde cedo, Anitta sabia de sua vocação, por isso, vivia fazendo shows para as bonecas e previa seu futuro enquanto famosa. Isso reforça o poder da mente de alguém de sucesso, que acredita no potencial que tem para conquistar seus maiores sonhos. Se você também tem um sonho que toca o coração, antes de tudo, acredite nele e faça disso sua meta de vida. Isso inclui, especialmente, não deixar de acreditar, mesmo diante de adversidades. Nossa Anitta, apesar da origem humilde e de ouvir muitas vezes para desistir, não abalou-se na busca por seu grande sonho.

2. PLANEJAMENTO
Um passo de cada vez

Uma vez que tinha certeza sobre o que queria fazer da vida, ela sabia que era preciso planejar e pôr a mão na massa para tornar seu destino realidade. Afinal, as grandes oportunidades só acontecem para aqueles que estão dispostos a trabalhar duro. Como contamos aqui, desde sempre a menina de Honório Gurgel buscou as habilidades que a transformariam em uma artista melhor. Anitta fez aula de dança, treinava sua voz e, ainda adolescente, dedicou-se às aulas de inglês. Hoje, ela agradece muito à mãe por tê-la colocado na aula do idioma, porque, sem isso, seria muito mais difícil se preparar para a carreira internacional.

3. DEDICAÇÃO
Invista seu tempo e não deixe de sorrir

De que adianta planejamento se não há dedicação? No caso da nossa diva, sobra dedicação e força de vontade para fazer sempre o melhor. Antes de trabalhar somente com a música, ela não hesitou em fazer turno dobrado e perder tempo de descanso para não abandonar seu ideal. Até hoje, essa é uma característica marcante de Anitta, que não para de trabalhar. A rotina dela é frenética, mas todas as tarefas são executadas com muito amor e um sorrisão estampado no rosto.

4. SUPERAÇÃO CONSTANTE
Busque o seu melhor

Mesmo no topo do sucesso, não há folga ou desatenção por parte da musa. Cada trabalho é tratado com muito carinho em todas as minúcias para apresentar um resultado de excelência para os fãs. Mesmo um estouro indiscutível, Anitta busca extrair o seu melhor, sempre!

5. HUMILDADE
Não esqueça suas origens

Anitta faz questão de sempre ressaltar sua origem em Honório Gurgel, e de estar sempre rodeada pela família – seu bem maior. Além disso, agradece e retribui o carinho dos fãs e se preocupa em não se deslumbrar com tamanho impacto que exerce por onde passa.

6. REINVENÇÃO
Esteja sempre antenado

Mesmo sendo a rainha do Brasil, ela ainda quer mais e não se contenta com a mesmice: a cada trabalho, busca explorar diferentes possibilidades, sempre atenta ao que está bombando pelo mundo. A mais recente empreitada é sua carreira internacional, algo que a desafia em inúmeros aspectos. Mas ninguém duvida que ela conquistará o mundo!

"Eu mudo e cresço todos os dias, como todo mundo! Comecei na minha carreira de cantora muito nova e, com o tempo e com as experiências que pude viver, fui amadurecendo. Isso é supernatural! Espero evoluir muito ainda."

Anitta,

para o Portal Tracklist

Capítulo 11

A DONA DO PRÓPRIO NEGÓCIO

ANITTA PODE TER LARGADO o emprego na área de Administração, mas não desperdiçou o aprendizado que acumulou ao longo do estágio e do curso técnico. Como boa estrategista e demonstrando cada vez mais sagacidade a respeito de visão de negócios, a cantora vem alcançando resultados surpreendentes não só por causa do talento artístico, mas também em virtude de sua veia empreendedora.

Ao longo de toda a carreira, a cantora sempre fez questão de aprender e aperfeiçoar conhecimentos sobre os mais diversos aspectos da gestão de uma carreira artística, especialmente trabalhando com diversos profissionais de renome da área. Muito focada na qualidade do trabalho e desejando cada vez mais imprimir sua identidade naquilo que faz, optou por dar um passo a mais na trajetória: Anitta tomou a decisão ousada de ser a gestora da própria carreira. Desde então, e como sempre, vem arrasando no novo papel de administradora. Não à toa vem sendo elogiada e acompanhada por muitos especialistas da área – ela chegou, inclusive, a ser destaque em um artigo da renomada publicação americana *Forbes*, que a apontou como estrela internacional em ascensão – algo que não é mais novidade para ninguém!

Mas qual aspecto atrai tamanha atenção de todos no processo de gestão da nossa musa? Bom, os principais destaques são o planejamento e a visão estratégica que ela aplica em sua empresa, e isso começou mesmo antes de ela sonhar em empreender. Desde sempre, a cantora soube muito bem aonde queria chegar e o que deveria fazer para isso, além de definir um plano de ação para sua meta. O mesmo ocorre com sua aposta na carreira

"Hoje eu sou minha empresária. Tenho a minha empresa e supervisiono todo o funcionamento dela. São mais de 50 pessoas que vou gerindo diariamente, fora os colaboradores indiretos."

Anitta

para a revista *Trip*

internacional, com muito investimento: aulas de inglês e espanhol, análise do mercado fonográfico internacional e consultorias especializadas – além de cautela a cada passo. Outro ponto que ajuda no sucesso da empresária Anitta é a "visão 360°" que ela tem de suas atividades comerciais – ou o tanto que ela conhece sobre todos os processos.

Em muitas entrevistas, Anitta faz questão de frisar sua supervisão criteriosa acerca das atividades que envolvem a agenda e a equipe de funcionários, o que a permite conhecer o processo como um todo e participar das mais variadas decisões, que vão da escolha do figurino a ser usado nos palcos até a negociação com marcas para projetos de parceria.

O marketing é também um ponto forte e um grande aliado da cantora em suas conquistas. O ponto de virada de seu marketing pessoal começou, inclusive, com o lançamento de *Bang*, uma tacada certeira de reposicionamento de marca: o trabalho, muito mais pop e com referências fortes à moda, fez com que ela atingisse mais fortemente o público AB, que possui outras referências culturais além do funk carioca. A partir desse momento, a cantora passou a explorar melhor seu potencial enquanto símbolo que expressa modernidade no mundo contemporâneo.

Outro ponto crucial para o sucesso reside na inteligência ao lidar com parcerias –, não só com outros artistas, mas também com marcas e as redes sociais. O marketing digital é, aliás, uma grande aposta: utilizando diversos canais simultaneamente como forma de divulgação, ela dá tiros certeiros e bombásticos a cada lançamento.

Um exemplo foi o próprio lançamento do *single* "Paradinha", que resultou em um imenso sucesso. A data escolhida não foi por acaso: pouco depois de estar em um programa de grande relevância como o *The Tonight Show*, com Jimmy Fallon, ela lançou seu novo trabalho em espanhol para atingir o mercado latino, um público com amplo potencial.

Após um feito como esse, todos estavam de olho no que a rainha do pop brasileiro estava aprontando. E ela não deixou de aproveitar os holofotes: no dia do lançamento, gerou enorme repercussão, participando de diversas coletivas de imprensa em lugares como as sedes do Google e do Facebook no Brasil, além de realizar transmissões ao vivo nas redes sociais. Para fechar com chave de ouro, conseguiu parceria com grandes influenciadores digitais que performaram paródias do vídeo oficial – inclusive ninguém menos do que o superestilista Stefano Gabbana.

Isso tudo sem mencionar sua intuição, quesito essencial para quem quer construir um negócio de sucesso e resistente a oscilações do mercado, que é a visão de longo prazo. Essa perspectiva a faz buscar um crescimento pessoal e profissional autossustentável e vigoroso contra tempestades – que não acaba no primeiro hit.

Levando em consideração essa análise, fica claro que Anitta sabe reunir ao seu redor grandes talentos das mais diversas áreas para fazer acontecer. Isso demonstra, também, uma forte competência para a gestão. É pra quem pode, né, gente?

Capítulo 12

FAMA E SUCESSO

POR DESEJAR, DESDE CRIANÇA, ser uma cantora de sucesso, pode até parecer que Anitta só o desejava para ser famosa e aparecer em capas de revista; entretanto, suas atitudes demonstram que não é bem assim. Ela não se esquece de onde veio e faz questão de manter a essência da Larissa que cresceu em Honório Gurgel. Embora seja importante crescer e amadurecer, é igualmente importante não perder de vista o caminho trilhado até ali. Isso Anitta faz questão de cultivar.

Com uma legião de seguidores aos seus pés e devido a toda a influência que dissemina em razão de seu trabalho, seria muito mais fácil nossa musa se tornar inatingível e até mesmo arrogante, mas, talvez por vir se preparando para esse momento há muito tempo, ela sustenta uma atitude mais consciente para enfrentar os desafios que envolvem a fama. Um dos grandes desafios no meio artístico é manter-se fiel aos seus princípios e ao que importa de verdade, sem deixar-se levar pelo superficial. Anitta sempre teve receio de mudar por causa da fama e está atenta à sua evolução. Por isso, de tempos em tempos pergunta à mãe, a pessoa mais próxima da sua vida, se ela acha que a filha mudou. E, como mantém seu jeito espontâneo e brincalhão de sempre, a resposta que deve ouvir sempre é "não".

Sempre muito segura de si e orgulhosa de sua história, a cantora nunca quis esconder suas origens a fim de parecer quem não é. Em diversas ocasiões, e em particular em uma aparição no programa *Conversa com Bial*, falou sem a menor vergonha que era "favelada", sempre demonstrando muito orgulho ao relatar de onde veio e a trajetória de sucesso que trilhou com determinação. Um dos momentos mais marcantes de sua carreira foi quando

SEMPRE MUITO SEGURA DE SI E ORGULHOSA DE SUA HISTÓRIA, ANITTA NUNCA QUIS ESCONDER SUAS ORIGENS A FIM DE PARECER QUEM NÃO É.

voltou ao bairro em que morava para fazer um show. Óbvio que foi muito bem recebida e que se emocionou demais quando viu todos cantando seus sucessos – um reconhecimento de que seu trabalho atinge diretamente o coração das pessoas.

Anitta exalta sua origem não só enquanto carioca do subúrbio, mas também por ser brasileira. A cantora diz que um dos motivos de sua luta pela carreira internacional é fazer com que nosso país se orgulhe das produções nacionais, ou seja, acabar com a famosa "síndrome de vira-lata" dos brasileiros, que sempre menosprezam o nacional em detrimento do internacional. E não é que ela está conseguindo dar cada dia mais orgulho a nós, brasileiros?

Outra questão que Anitta gosta de frisar é que nunca gostou e não gosta de puxa-sacos, pois aqueles que só querem bajular, e até mentem para agradar aos outros, não se propõem a ajudar de verdade. Para uma perfeccionista como nossa musa, é muito desagradável parecer que está tudo ok quando não é verdade. Essa atitude, entretanto, é para poucos – só para quem nutre vontade incessante de evoluir e de se superar a cada dia mais, afinal, admitir erros não é para qualquer um.

Mas, ainda que tenha muito gente bajulando-a e fazendo de tudo para se aproveitar de sua fama, há também aqueles que fazem de tudo para detonar a musa, em especial veículos da imprensa que vivem especulando sobre possíveis polêmicas envolvendo Anitta.

Como ela faz para lidar com tudo isso? Como a maioria das polêmicas que tentam manchar a imagem da cantora são especulações mentirosas, ela, em grande parte das vezes, não perde seu precioso – e disputadíssimo, diga-se de passagem – tempo tentando se explicar. Afinal, quem sabe que está certo não precisa se justificar, não é mesmo? Só em casos que mexem com valores muito fortes da cantora (como os fãs ou a sua família) ela se posiciona para encerrar as polêmicas.

Mas, claro, há também muitas vantagens. A fama por si só envolve inúmeras conquistas que a nossa musa aproveita e vivencia diariamente: o carinho dos milhões de fãs, bem como o reconhecimento e a admiração, são apenas alguns exemplos. Para alguém tão bem-resolvida, madura e com os pés no chão como ela, pequenos contratempos como fofoca ou inveja são fáceis de contornar. Afinal, quem sabe o que está além de tudo isso, não se abala para estabelecer suas vitórias. E Anitta nunca se deixa abalar.

PARA ALGUÉM TÃO BEM-RESOLVIDA, MADURA E COM OS PÉS NO CHÃO COMO ELA, PEQUENOS CONTRATEMPOS COMO FOFOCA OU INVEJA SÃO FÁCEIS DE CONTORNAR. AFINAL, QUEM SABE O QUE ESTÁ ALÉM DE TUDO ISSO, NÃO SE ABALA PARA **ESTABELECER SUAS VITÓRIAS.**

E Anitta nunca se deixa abalar.

AGATHA GAMEIRO/FUTURA PRESS

Capítulo 13

TODA RAINHA
TEM SEU EXÉRCITO

SEJA NOS SHOWS, nas redes sociais ou pessoalmente, em qualquer lugar por onde a poderosa passa, seu exército, constituído por milhões de fãs apaixonados, vai atrás. Portanto, nem pense em mexer com a poderosa, pois esse exército, que a vê como um exemplo a ser seguido, e muito amado por ela ♥, vai defendê-la com unhas e dentes. Ainda mais se for nas redes sociais, visto que qualquer um que faça um comentário maldoso, ou mesmo cause desconforto à estrela, vai receber uma verdadeira invasão (ou retaliação?) de fãs enraivecidos em suas redes sociais.

Só para dar um exemplo: o clipe "Sua Cara", parceria entre Anitta, Pabllo Vittar e Major Lazer, foi gravado no Marrocos, o que gerou alta expectativa entre os admiradores dos artistas. Antes de liberar esse clipe, entretanto, Major Lazer anunciou o lançamento de um outro clipe, da música "Know No Better", em parceria com Travis Scott e Camila Cabello. Trata-se de uma atitude normal quando o assunto é uma banda altamente produtiva e requisitada, não? Não para os fãs da Anitta: eles não perdoaram a demora e, indignados, decidiram cobrar veementemente nas redes sociais de Major Lazer o lançamento do clipe de "Sua Cara".

Para quem sabe pouco do trabalho de Anitta ou não acompanha detalhes sobre a vida da cantora, todo esse carinho pode parecer um excesso, coisa de fã exagerado, contudo, será que é mesmo?

O fato é que a relação entre Anitta e os fãs é um caso sério, sim. A rainha a todo momento faz questão de agradecer aos fãs, atendê-los sempre que possível e retribuir o carinho, pois, como ela mesma gosta de frisar, se ela chegou aonde está, é tudo em virtude do apoio dos fãs.

Talvez por ser muito bem-resolvida com a fama e ter os pés no chão, nunca deixou que o ego interferisse no trabalho ou na forma de se portar na vida. Por tudo que ela fala e demonstra, não combina nada com a musa ser antipática ou querer distância dos fãs – algo que eles amam e apreciam muito, visto que essa proximidade faz parte de sua carreira e não deve ser deixada de escanteio. Na realidade, ela acha injusto reclamar do assédio do público, já que, sob seu ponto de vista, seria hipocrisia querer que os fãs lotem os seus shows, comprem seus CDs e, depois, não retribuir tamanha dedicação.

Não é de hoje que o *Exército das Poderosas* é valorizado pela rainha do poder. Anitta nunca vai deixar seus fãs para trás e sempre vai carregá-los para onde alcançar seu sucesso; ela os valoriza muito e sempre retribui todo o carinho que recebe. Ela ama que os fãs curtam todas as suas fotos nas redes sociais, façam comentários amorosos, assistam a todos os lançamentos e estejam em todos os seus shows, cantando e dançando junto a ela.

E, já que Anitta está pronta para conquistar o mundo, seu exército também está preparado para ajudá-la na missão. Muito engajados que são pelo sucesso da cantora, os seus fã-clubes estão antenadíssimos para elevar cada *single* que ela lança rumo ao domínio mundial. Alguém duvida que é impossível deter uma poderosa com um exército desse?

Capítulo 14

ANITTA SINCERA

SINCERA

EM UM MUNDO COM tanta falsidade, quem tem personalidade autêntica e sincera realmente se destaca. A autoconfiança da poderosa chama muito a atenção de todos – inclusive, vários repórteres que já a entrevistaram acabaram nutrindo notável admiração por sua maturidade e postura, como foi o caso de Marília Gabriela.

É admirável a naturalidade com que a cantora lida com assuntos polêmicos e controversos como, por exemplo, plástica e gula. A temática da plástica chama muita atenção, afinal, tanto no mundo artístico quanto na vida real, é raríssimo que pessoas comentem – e admitam – intervenções cirúrgicas em favor de melhoria estética, mas, para Anitta, o assunto não é tabu. Ela comenta quantas e quais plásticas fez, encara com humor suas insatisfações consigo mesma e com as críticas que enfrenta. Humor, aliás, é um ponto forte da diva, e ela o emprega com frequência para responder aos *haters*.

Mesmo ciente da dimensão que envolve tudo em relação à sua vida, ela nunca deixa de lado a qualidade de ser verdadeira. Anitta conta que jamais deixou de fazer ou de dizer algo por ser famosa; isso, é claro, desde que não extrapole a liberdade de ninguém.

Nossa musa só tem a ganhar com sua postura, uma vez que sempre deixa muito claro para todos que é uma pessoa de verdade, que não precisa fingir ser algo que não é. Cabe a cada um decidir se gosta dela ou não – e quanto! – afinal ela é o que é! (Mas, cá entre nós, quem não consegue amá-la, não é mesmo?) ❤

Com atitudes exemplares, nossa poderosa consegue potencializar a conexão que estabelece com o público, criando empatia ao demonstrar seu lado humano. Um caso que chamou muita atenção foi o show "Planeta Atlântida", no início de 2017: quando a plateia começou a chamá-la de "gostosa", ela não hesitou em responder que não estava gostosa coisa nenhuma, era tudo um efeito visual de uma meia que estava usando. Tem que ser muito autêntica para ser uma musa pop e ainda conservar a modéstia no meio de um show em que se está maravilhosa, concorda?

No mundo em que vivemos, poucas são as pessoas que têm coragem de ser transparentes, independentemente do que os outros possam pensar a respeito delas. Acontece que Anitta não veio ao mundo para se adequar ao que os outros pensam; ela veio para quebrar barreiras e para superar os limites que a sociedade impõe. Anitta veio para criar seu próprio mundo e, aos poucos, vem conseguindo imprimir sua identidade em tudo o que faz, sempre ganhando uma legião de admiradores em decorrência disso.

> **MESMO CIENTE DA DIMENSÃO QUE ENVOLVE TUDO EM RELAÇÃO À SUA VIDA, ANITTA NUNCA DEIXA DE LADO A QUALIDADE DE SER VERDADEIRA**

"Creio que o meu maior defeito é ser muito verdadeira. Não consigo fazer média com ninguém, fazer coisas que eu não estou a fim. E isso às vezes me prejudica. Sou educada, respeito todo mundo, mas não consigo fingir que gosto, me aproximar por interesse, nada disso."

Anitta,

para o site Purepeople

Capítulo 15

GENTE COMO A GENTE

GENTE

QUE ANITTA TEM ATITUDE e sabe se desvencilhar das maiores saias justas, disso ninguém duvida. Sua personalidade é tão marcante que ela arrasa com sua presença nas redes sociais, não apenas pelos clipes e fotos poderosas, como também pelas respostas que elabora. Por isso, ela não é apenas a musa pop do Brasil, mas também a rainha da internet! É nas redes sociais que ela demonstra suas mais diferentes facetas e o quanto, realmente, não está interessada em fazer pose de *blasé*. E tem Anitta sambando na cara dos internautas (às vezes sambando junto, às vezes sambando na cara mesmo) de todos os jeitos:

#AnittaBem-Humorada

A perspectiva sincera e bem-humorada da cantora diverte os fãs. Em determinados momentos, suas sacadas são rápidas e inteligentes, e impressionam muito. Vamos relembrar?

Quando um seguidor perguntou como era acordar todos os dias sendo a rainha do "pisão", por arrasar sempre, sua resposta foi apenas:

"Eu calço 36."

Talvez ficando maluca pelo fato de se dividir entre tantas línguas (inglês, português e espanhol), um belo dia, Anitta comentou com seus seguidores no Twitter que estava pensando em inglês e não hesitou em brincar postando alguns comentários como:

"I'm gorda again", " Estou on the floor", "I'm impulsiva".

Essa Anitta! Hahaha!

Quando questionada sobre o boy que estaria pegando para estar tão sumida (de acordo com os internautas), foi direto ao ponto:

"QUEM ME DERA!!! Tô pegando nem gripe, mores."

Rainha das redes!

#AnittaGenteComoAGente

Quem nunca deu indiretas em redes sociais?

Quem nunca stalkeou o boy, ficou fazendo joguinhos por meio de likes e depois repensou suas atitudes?

Pois Anitta, gente como a gente, faz tudo isso e muito mais, e não se incomoda de dividir a experiência com seus seguidores.

Pelo contrário, adora alimentar o papo com eles. Veja:

Mesmo sendo a rainha do bonde das poderosas, Anitta também sofre com problemas de meros mortais, como, por exemplo, ficar vendo todas as fotos de alguém e acabar curtindo algo sem querer:

"Quando você curte uma foto sem querer e vem aquela vontade de se suicidar lá no fundinho."

#AnittaNocaute

O que ela mais sabe fazer, entretanto, é deixar os *haters* no chão, sem resposta. Sempre elegante no salto alto, claro.

Nossa musa é super bem-resolvida quando o assunto é plástica. Mas alguns *haters* insistem em cutucá-la. Com bom humor, ela não hesita em dar uma invertida:

"Quem disse que fiquei linda?"
Ficou mesmo, poderosa!

Por ser uma estrela de grande relevância, todos adoram cuidar de sua vida. E teve um dia que uma internauta tentou avisar Anitta para tomar cuidado para "não virar uma bola"; ela foi direta e reta:

"Não tô preocupada."
Toma, distraído! Hahaha!

Capítulo 16

EMPODERAMENTO FEMININO

PODER

UMA DAS PRINCIPAIS intenções de Anitta com o seu trabalho é ajudar na autoestima da mulher, fazer com que ela se sinta ainda mais poderosa e dona de si. A cantora não cansa de ressaltar que não precisa de homem para ser feliz: basta que ela esteja bem consigo mesma, e que tenha amigos e pessoas queridas ao seu redor. Ela se incomoda, inclusive, com o eterno questionamento sobre namorados. Pode parecer até absurdo para alguns, mas mulher nenhuma precisa de um homem ao seu lado para obter respeito ou se sentir completa – e ela faz questão de mostrá-lo.

Não foi por acaso que Anitta começou a estourar com o "Show das Poderosas" – que eleva a mulher à sua máxima potência e a tira da posição de submissa de um homem. O que ela busca, entretanto, não é uma relação de disputa entre os sexos, ou mesmo entre as mulheres. "Mulheres devem se unir, não se atacar. Não existe uma fórmula certa pra ser mulher. Existe uma fórmula certa para ser humano: respeitar o outro e se respeitar. Não gosto de nada que aponte dedos", afirmou para a revista *Trip*.

Ao subir no palco e dançar esbanjando sensualidade, Anitta demonstra essa afirmação por meio de atos: que a mulher pode explorar sua liberdade e valorizar seu corpo sem ter que sofrer ataques por conta disso. Ela também mostra que certas ideias já não fazem mais sentido (e nunca deveriam ter sido aceitas) em nossa sociedade, afinal, é sua própria empresária, fala o que pensa, não precisa dar satisfações sobre com quem sai ou deixa de sair, é dona da própria vida e sabe arrasar em tudo o que faz – assim como todas as mulheres quando assumem seus sonhos.

Como sempre, ela leva esses temas com humor, dizendo, inclusive, que poderia montar um manual sobre "como ser feliz solteira". A cantora afirma que às vezes brinca que não tem nenhum boy e que isso a deixa triste, mas ela não leva a sério.

Afinal, ela está muito bem, obrigada. Aliás, teria como não estar bem? É a rainha do Brasil, dona dos clipes que mais bombam na internet e tem um futuro superpromissor na carreira internacional. E o que mais chama atenção é que ela exerce sua profissão sendo ela mesma e se afirmando enquanto mulher e profissional, completamente segura de que tem capacidade de sobra para conquistar tudo o que deseja com o próprio talento.

Assim é a empoderada Anitta: livre de preconceitos, dona de seu próprio destino e escolhas, digna, modesta e orgulhosa de suas origens – tanto no funk como no bairro de Honório Gurgel.

MULHER NENHUMA PRECISA DE UM HOMEM AO LADO PARA QUE SEJA RESPEITADA OU SE SINTA COMPLETA – E ANITTA FAZ QUESTÃO DE MOSTRAR ISSO.

> "Não sei se sou tão refém dessa coisa de corpo. Sou mais livre, zero encanada. Não me preocupo se as pessoas vão olhar ou com o que elas vão dizer."

Anitta,

para a revista *Marie Claire*

BELEZA

Capítulo 17

TODA BELEZA VALE

QUALQUER PESSOA QUE trabalha com a imagem sabe que o visual é um fator deveras relevante. No caso de uma artista de grande potencial e influência como Anitta, não poderia ser diferente. Como a própria cantora diz, não dá pra ser hipócrita e falar que o corpo não é importante, ou que ela não tenha vontade de se sentir bem e bonita, porque isso importa, sim, mas, obviamente, não deve ser tratado como obsessão ou paranoia.

Anitta não esconde de ninguém o quanto ama comer; às vezes, até exageradamente. Claro, ela sabe que é preciso se controlar, pois sua rotina exige fôlego e resistência. Por isso, recorreu à *life coach* Mayra Cardi para cuidar de sua alimentação e treino. Mas nossa poderosa faz questão de deixar claro que não existe somente um padrão de beleza, ou que só mulher magra é saudável e bonita. Recentemente, ela foi além e deu passos importantes para quebrar esse paradigma da nossa sociedade. No clipe "Paradinha", Anitta inseriu uma dançarina *plus size* em seu quadro de bailarinas. E ela não parou por aí, a poderosa agora conta com bailarinas *plus size* em todas as suas apresentações: as cariocas Thais Carla e Tatiana Lima. E as meninas arrasam!

O posicionamento firme de Anitta é uma exaltação à diversidade da beleza feminina e mostra o quanto nossa musa está mais uma vez na vanguarda, empenhada em provar para a sociedade que precisamos quebrar velhos padrões e preconceitos. Se pararmos para pensar, é surreal que exista esse conceito de que há um padrão de beleza ideal para um mundo em que há bilhões de pessoas diferentes entre si!

As bailarinas em questão sempre tiveram o sonho de exercer a dança como profissão, mas encontraram enorme resistência ao seguir a carreira, pelo fato de não se encaixarem por completo nos padrões de beleza vigentes na sociedade atual.

Esse é mais um exemplo de Anitta a ser seguido, pois tamanha conquista das bailarinas serve para inspirar um número infindável de mulheres que sofrem descrença e preconceito por não se encaixarem em padrões estéticos.

Tatiana Lima comentou justamente sobre esse ponto ao jornal *Extra*: "A Anitta tem essa percepção de que todos somos capazes. Ela dá oportunidades a todos, e eu a agradeço. Com esse balé, ela está justamente falando para a sociedade que esse padrão imposto é uma besteira."

Isso mostra que, quando noções erradas são desconstruídas, como é o caso do papel da mulher no mundo ou das limitações impostas em seus caminhos, além da absurda necessidade de se cultivar um determinado corpo para agradar aos outros, um passo é conquistado rumo ao futuro. Anitta quer apreciar a vida com respeito e liberdade, por isso luta para que outras mulheres também vivam assim. Por essas e outras, a poderosa mais uma vez dá um tapa com luva de pelica na cara da sociedade.

A POSIÇÃO DE ANITTA É UMA EXALTAÇÃO À DIVERSIDADE DA BELEZA FEMININA.

Capítulo 18

ORGULHO E PRECONCEITO

ORGULHO

POR SER UMA DAS CANTORAS de maior destaque no Brasil hoje, muitos podem pensar: será que Anitta tem problemas? Sim, claro que ela tem. Para chegar aonde chegou, teve de enfrentar vários obstáculos e se superar, sendo uma das maiores barreiras o preconceito. Muitas pessoas fizeram suposições estereotipadas, enxergando apenas a mulher bonita que dançava e cantava funk, mas a artista provou seu talento e valor – e mais do que isso: reafirma a cada degrau alcançado que veio para ficar.

Embora seu maior sonho seja a carreira internacional, ela não perde o foco no público brasileiro de maneira nenhuma, pois o ama com intensidade e diz que, para conquistar o mundo, é preciso antes conquistar o Brasil – uma tarefa nada difícil para Anitta, pois a cantora é eclética e consegue surfar por diversos ritmos. Mas nossa diva não nega suas origens e já chegou a falar, inclusive, que ainda vai fazer o funk ser respeitado em todo o país.

Durante uma participação no programa de Pedro Bial, ela foi questionada sobre um projeto de lei que tenta enquadrar o funk como "crime de saúde pública à criança, aos adolescentes e à família". Anitta respondeu que o ritmo é uma manifestação cultural do subúrbio carioca e frisou o fato de que inúmeras comunidades têm suas economias movimentadas em decorrência do funk – que gera trabalho e renda para muitas famílias. Sobre o conteúdo de algumas letras, ela comentou no Twitter que retratam a realidade de segmentos da população. Se tiverem acesso a outras oportunidades, certamente cantarão sobre outros assuntos. Educação é o ponto-chave de tudo.

Nossa musa faz questão de combater todo tipo de preconceito e levantar bandeiras de causas que considera relevantes.

MUITOS FIZERAM SUPOSIÇÕES ESTEREOTIPADAS, ENXERGANDO APENAS A MULHER BONITA QUE DANÇAVA E CANTAVA FUNK, MAS ANITTA PROVOU SEU TALENTO *e veio para ficar.*

Ela defende o empoderamento feminino e disse em entrevista para o *Zero Hora* que "o movimento feminista é e será fundamental para todas as mulheres. A música ajuda a passar uma mensagem de empoderamento. Muitas artistas utilizam a música para propagar ideias. Acredito que o sucesso de cada mulher reforça e é uma vitória para todas as outras". Exatamente o que sugere o "Show das Poderosas", não é mesmo?

Fora isso, como foi tratado no capítulo 17, Anitta contratou recentemente duas bailarinas *plus size* para promover a inclusão e a diversidade em sua equipe. No clipe "Paradinha", há até uma senhora dançando, pois a alegria e a beleza não têm idade.

Outra causa que nossa poderosa defende é a dos LGBT – comunidade em que tem muitos fãs. A cantora, inclusive, foi uma das presenças mais marcantes da 21ª edição da Parada do Orgulho LGBT, em junho de 2017, em São Paulo. No evento, a musa fez questão de ressaltar a importância da liberdade de cada um de ser quem verdadeiramente é. E reforçou a mensagem no Instagram: "Se respeitem, se amem, não se julguem. Por um mundo sem hipocrisia e consequentemente mais honesto e feliz! Feio é não ter caráter, feio é não ter respeito ao próximo. Ser gay, não. Ser gay é apenas ser humano."

Ela é rainha! Fala sério, minha gente.

Capítulo 19

UMA ALMA MUSICAL ECLÉTICA

ECLÉTICA

APESAR DE TER INICIADO sua carreira profissional no funk, a primeira vez que nossa musa pisou em um palco mesmo foi na igreja, cantando ao lado de seu avô. Isso mostra que, desde criança, sempre foi muito eclética e versátil, colecionando experiências nas mais diversas vertentes musicais. Por influência do avô, ouvia alguns cantores como o mexicano Luis Miguel, por exemplo, considerado um dos cantores latino-americanos mais populares da história.

Além disso, Anitta sempre teve muito contato com a MPB, que possui representantes renomados não só Brasil como no mundo inteiro. Tal é o caso de Gal Costa, Gilberto Gil e Caetano Veloso, pessoas a quem ela sempre elogia por serem sempre abertos a todas as artérias da música brasileira.

Em agosto de 2016, após sua apresentação na abertura da Olimpíada do Rio de Janeiro, ao lado de Gil e Caetano, o jornalista William Waack a entrevistou e a cantora estava visivelmente emocionada, afirmando que havia sido o show de sua vida pelo significado e tamanho do evento. Sobre o impacto que um show como esse tem no mundo inteiro, o jornalista a questionou se ela representava a nova voz da música brasileira. Anitta não se intimidou com o questionamento e deu uma resposta direta: "As pessoas têm que entender que, na música brasileira, as coisas se renovam. As pessoas nascem, e podem vir a cantar e se tornar um sucesso."

Como não poderia deixar de ser, nossa musa também recebeu fortes influências de nomes expressivos do pop internacional, como é o caso da Britney Spears. Anitta

★ 127 **ANITTA**

acompanhava a cantora desde quando essa estava no começo da carreira e estourou hits como "...Baby One More Time". Nessa época, ela performava shows no espelho, fingindo ser a estrela norte-americana. Ironia do destino ou não, em questão de poucos anos, inúmeras garotas fariam o mesmo com Anitta, fingindo ser nossa musa em seus shows poderosos.

Há outras duas cantoras de quem ela revela ser muito, mas muito fã mesmo: trata-se de Mariah Carey e Rihanna. Sobre Mariah, Anitta confidencia ser fã desde sempre. Quanto à Rihanna, que passou uma temporada no Rio de Janeiro em 2014, Anitta chegou realmente a agir como fã, indo atrás da cantora caribenha e tirando até *selfie* com ela. Essa foi a primeira e penúltima vez que fez isso, como ela mesma disse – afinal, ainda falta conhecer Mariah Carey!

E agora, bomba: Anitta também teve uma fase roqueira! Isso mesmo, antes de estourar no mundo do funk, Anitta ouvia bandas inimagináveis para outras pessoas, e até andava de preto.

Em entrevista ao R7, ela confirma que já transitou por diversos ritmos musicais e começou no funk por acaso: "Não foi algo do tipo 'ai, vou cantar funk'. Desde criança eu só queria ser artista, mas não pensava em um estilo específico."

Atualmente, em termos profissionais, sua grande inspiração é a norte-americana Beyoncé, que trabalha com o que Anitta almeja: espetáculos com grandes produções e estrutura com enfoque no impacto social e mundial. E quem não está torcendo para que isso aconteça, certo?

> "A Beyoncé traz o que eu mais sonho em fazer, que é a estrutura gigantesca de show, de espetáculo mesmo. É uma grande inspiração nesse ponto de produção absurda, muito criativa."

Anitta,

para o G1

Capítulo 20

PRÊMIOS E RAIO X

RAIO X

Nome: *Larissa de Macedo Machado*
Local de nascimento: *Rio de Janeiro*
Data de nascimento: *30 de março de 1993*
Signo: *Áries*
Família: *Mauro Machado (pai), Miriam Macedo (mãe), Renan Machado (irmão)*
Maiores ídolos: *Mariah Carey, Rihanna e Beyoncé*
O que odeia: *Gente puxa-saco*
O que ama: *Comer e estar com a família*
Surgimento do nome Anitta: *Por causa da personagem principal Anita, da minissérie de sucesso Presença de Anita, da Rede Globo*
Profissões: *Cantora, empresária e apresentadora, comandando desde 2016 o Música Boa ao Vivo, no canal Multishow*
Marcas que costuma usar: *Moschino, Givenchy e Adidas*
Dez discos preferidos da vida: *Mariah Carey: (1998)*
John Mayer: Continuum (2006)
Colbie Caillat: Coco (2007)
Djavan: Ao vivo (1999)
Luis Miguel: Romance (1991)
Natiruts: Reggae Power (2006)
Rihanna: Anti (2016)
Beyoncé: Platinum Edition (2014)
Justin Bieber: Purpose (2015)
Tribalistas: Tribalistas (2002)

MUITOS OUTROS hão de vir – nós sabemos ♥ –, mas abaixo segue a lista dos prêmios conquistados até 2017:

2012

Prêmio Revelação do Funk

2013

Prêmio Multishow – Melhor Clipe ("Show das Poderosas")
Prêmio Multishow – Música Chiclete ("Show das Poderosas")
Radio Music Awards Brasil – Revelação
Radio Music Awards Brasil – Melhor Cantora
Radio Music Awards Brasil – Melhor Música ("Show das Poderosas")
Troféu APCA – Cantora Revelação
Hot 100 Brasil – Canção do Ano ("Show das Poderosas")
Hot 100 Brasil – Melhor Álbum (*Anitta*)
Hot 100 Brasil – Melhor Cantora

2014

Brasil Music Awards – Artista do Ano
Brasil Music Awards – Música do Ano ("Cobertor")
Brasil Music Awards – Artista Feminino
Brasil Music Awards – Clipe do Ano ("Na Batida")
Latin Music Awards – Melhor Álbum de Mulher Latina do Ano (*Meu Lugar*)

Melhores do Ano – Música do Ano ("Show das Poderosas")
Europe Music Awards – Melhor Performance Brasileira
Video Music Awards Brasil – Melhor Cantora do Ano
Prêmio Festa da Música – Cantora do Ano
Prêmio Jovem Brasileiro – Melhor Cantora
Prêmio Jovem Brasileiro – Melhor Dança
Prêmio Jovem Brasileiro – Melhor Música ("Na Batida")
Radio Music Awards Brasil – Melhor cantora
Radio Music Awards Brasil – Melhor música ("Cobertor")
Radio Music Awards Brasil – Melhor clipe ("Cobertor")
Radio Music Awards Brasil – Melhor Álbum (*Ritmo Perfeito*)
Hot 100 Brasil – Canção do Ano ("Blá-Blá-Blá")
Hot 100 Brasil – Melhor Álbum (*Ritmo Perfeito*)
Hot 100 Brasil – Melhor Cantora

2015

Prêmio Geração Glamour – Melhor Cantora
Prêmio Multishow – Melhor Show
Prêmio Multishow – Melhor Música ("Ritmo Perfeito")
Prêmio Jovem Brasileiro – Melhor Cantora
Europe Music Awards – Melhor Performance Brasileira
Europe Music Awards – Melhor Performance Latino-Americana
DMX Awards – Top Ringback Tone ("Na Batida")
Melhores do Ano – Melhor Cantora
MIXME Awards – Cantora do Ano
MIXME Awards – Clipe do Ano
Capricho Awards – Melhor Cantora
Capricho Awards – Melhor Clipe Nacional ("Deixa Ele Sofrer")

MAIS DE CINQUENTA TROFÉUS

EM PREMIAÇÕES NACIONAIS E INTERNACIONAIS

EM APENAS CINCO ANOS!

2016

Melhores do Ano FM O Dia — Melhor Artista Solo
Melhores do Ano FM O Dia — Melhor Artista Grupo
Melhores do Ano FM O Dia — Melhor Música ("Na Batida")
Melhores do Ano FM O Dia — Melhor Clipe ("Deixa Ele Sofrer")
Europe Music Awards — Melhor Performance Brasileira
Meus Prêmios Nick — Cantora Favorita
Prêmio Cariocas do Ano — Cantora do Ano
Prêmio Jovem Brasileiro — Melhor Cantora Jovem
Prêmio Multishow — Melhor Música ("Blecaute")
Radio Music Awards Brasil — Melhor Coreografia
Radio Music Awards Brasil — Melhor Turnê
Radio Music Awards Brasil — Artista do Ano
Capricho Awards — Melhor Cantora
Capricho Awards — Melhor Hit Nacional

2017

Prêmio YouTube Carnaval — Música do Ano ("Loka", em parceria como Simone e Simaria)

E continua...

> "Com certeza estou na melhor fase. A cada dia e a cada ano, essa fase se supera. Graças a Deus, a minha carreira tem sido só uma crescente."

Anitta,
para a revista *Quem Acontece*

Capítulo 21

ANITTA POR SUAS MÚSICAS

MÚSICAS

ANITTA COLOCA A ALMA em tudo o que faz, em particular quando sobe ao palco – e não tinha como ser diferente, uma vez que seus sucessos refletem muito quem nossa musa é na realidade. Afinal, ela canta sobre suas experiências e sobre o que de fato importa para ela. Para demonstrar isso, separamos alguns trechos de músicas que representam muito bem essa superestrela.

Vamos começar pelo óbvio: "Show das Poderosas". Já está na cara, mas não custa repetir que Anitta é absoluta, poderosa e dança extremamente bem. Ninguém consegue desbancá-la quando sobe ao palco. Nossa musa se empenhou no estudo da dança por muitos anos, e o famoso passo quadradinho é invenção dela, inclusive. Você consegue ouvir os versos abaixo e ficar parado?

"Solta o som que é
pra me ver dançando
Até você vai ficar babando
Para o baile pra me ver dançando."

dois

Para chegar aonde chegou, Anitta sempre foi – e ainda é! – muito determinada e batalhadora.

Para alcançar seus maiores sonhos, ela não deixa que nada a atrapalhe, o que é demonstrado com clareza na canção "Na Batida":

"Se pensou que ia desistir,
Não precisa se iludir,
Não sou daquelas que pedem pra parar, pra parar.
Na batida
É que eu fico sem pensar
Para a pista,
Vem, que aqui é o meu lugar."

três

Assim como a própria Anitta já falou, ela prefere ficar sozinha do que ser subordinar a um homem, então, nem adianta ficar com joguinhos com a musa, tentando se fazer de difícil ou até esnobando, ela sabe muito bem o quanto vale, assim como canta em "Eu Sou Assim":

> "Eu sou assim, meio desligada,
> desinteressada, se alguém
> vem me falar de amor
> Eu sou assim
> Totalmente antenada
> na minha parada
> Porque eu me dou valor."

Muitos podem até olhar torto para Anitta e considerá-la "louca" por admitir que fez plástica, em razão de sua sinceridade ou por demonstrar muito orgulho ao dizer que vem da favela. Mas, ela não está nem aí; sempre vai manter sua essência e batalhar por seus sonhos. Essa faceta fica explícita na música "Essa Mina é Louca", com participação do cantor Jhama:

"É que eu fui eleita a louca perfeita
que tem a receita
que se é feita com confeito
que é feito com o coração
tem tudo o que almeja,
Não importa o que seja
Na batalha, ela conquista
Nada é dado de bandeja."

cinco

Anitta é muito discreta sobre seus relacionamentos. Não só discreta, como também criteriosa, afinal, se for para assumir um boy, é preciso ter certeza de que vai valer a pena. Isso é o que ela canta na música "Cobertor", com participação do Projota:

"Eu sei que o tempo
Pode afastar a gente,
Mas se o tempo afastar a gente
É porque o nosso amor é fraco demais.
E amores fracos não merecem o meu tempo, não mais.
Simplesmente,
eu sei que tudo que foi importante pra mim,
na minha vida, se foi,
então me fez ser assim."

> "Sou muito criteriosa na hora de escolher o que cantar. Só lanço aquilo que tenho certeza de que o público vai gostar. Acho que esse controle me ajuda muito. Ninguém vai lutar mais ou melhor pelo meu sonho do que eu. Só eu vou fazer do jeito que eu quero. Por enquanto, o jeito que eu quero é o que dá certo."

Anitta,

para a revista *Contigo*

♥

Capítulo 22

UMA RELAÇÃO DE ALMA

TODA ESTRELA PRECISA de uma diva em que se inspirar, alguém para dedicar seus sucessos. Anitta pode até ser muito fã de Rihanna ou Mariah Carey, mas quem domina mesmo o seu coração é sua mãe, Miriam.

Em entrevistas, nossa musa já declarou que a relação mais próxima mantida por ela, a pessoa que ela mais ama no mundo, é, realmente, sua mãe. Também pudera: qualquer um que é fã da cantora ou que acompanha seu trabalho percebe a presença que a mãe tem na sua vida. As duas são muito unidas mesmo.

Depois que os pais de Anitta se separaram, a cantora fez o que pôde para apoiar sua mãe. E Miriam, por sua vez, percebeu que nada ia deter a estrela que tinha em casa.

Ainda criança, quando chegava e via a mãe costurando para complementar o orçamento da família, Anitta não pensava duas vezes e se sentava ao lado de Miriam para ajudar. Não importava se já era tarde e no dia seguinte teria de acordar cedo para ir à escola, ela ficava ao lado da mãe, auxiliando-a em sua tarefa.

O apego de Anitta pela mãe é tanto que há alguns anos ela escreveu uma música em homenagem à mãe e à avó:

"Nasce um dia tão lindo quanto você;
é a musa do meu viver.
Minha mãe, minha vida é você,
troca comigo, vira meu bebê.
Vou te cuidar, te abraçar,
pra poder te demonstrar
tudo o que eu tenho a dar;
obrigada por me amar.
Parabéns, hoje é seu dia,
minha mãe, dona da minha alegria.
Agradeço ter você na minha vida,
minha guerreira hoje, todo dia!"

A avó de Anitta chegou a ouvir a música tocando em uma rádio carioca. Emocionada, comentou com Miriam como era maravilhoso que ela tivesse uma filha tão guerreira e amável. Infelizmente, alguns dias depois, a avó de Anitta veio a falecer, na véspera do Dia das Mães. O fato é até hoje muito marcante para a cantora, que não pode ouvir a música que já se emociona muito.

Para uma estrela tão famosa quanto nossa poderosa, é essencial contar com pessoas em quem possa confiar e para quem pedir conselhos nos momentos de dificuldade. No caso da artista, ela sempre recorre à mãe para contar seus maiores segredos e para pedir apoio quando necessita. A mãe, que é muito parecida fisicamente com a cantora, diga-se de passagem, sempre está e estará ao seu lado para o que der e vier.

Vale ressaltar que Anitta é muito próxima não apenas da mãe, mas de toda a sua família, pois enxerga o núcleo familiar como sua base, um apoio para nunca perder de vista sua real identidade. É um privilégio nutrir uma relação assim com a família, e também um verdadeiro exemplo para todos os que acompanham sua carreira.

"Ela me conta tudo desde sempre. Quando ela está triste, diz: 'Ai, mãe, não sei se vou aguentar isso', e eu consigo aconselhar de uma maneira que ela entenda e fique mais tranquila. As pessoas que estão de fora acham que é fácil, mas é muito difícil. Ela tem que ficar calada em muitas situações, tem que rir pra tudo, inclusive quando quer chorar. Consigo dar tranquilidade na hora em que ela está nervosa. Digo a ela que todo mundo passa por problemas. Em qualquer lugar e profissão, há pessoas querendo te derrubar, não é só porque ela é artista."

Miriam Macedo,

sobre a filha Anitta ao portal Ego

NÃO PARA

Capítulo 23
E NÃO PARA!

UFA! E QUE JORNADA foi percorrer o universo da poderosa, não é mesmo? Mergulhar nessa trajetória deliciosa nos permitiu conhecer melhor nossa musa e admirar ainda mais seu sucesso, tudo fruto de muita dedicação e trabalho incessante.

Anitta é a prova viva de que talento aliado a garra e força de vontade é uma combinação imbatível. Aliás, depois de percorrermos uma história tão vitoriosa e lacradora, fica a dúvida: o que o futuro reserva para a nossa superestrela?

Mesmo com uma coleção de conquistas pelo Brasil inteiro e rumo ao sucesso global, a diva ainda tem muitos sonhos pela frente. E a menina de Honório Gurgel não cultiva apenas sonhos profissionais: ela também quer construir uma família ao lado de alguém que vá apoiá-la totalmente em seu trabalho. Afinal, se o boy não consegue lidar com tamanho poder, ela não vai nem perder seu tempo! Né?

Para os milhões de fãs e admiradores da cantora, é uma ótima notícia saber que ainda haverá muuuuito a acompanhar, já que ela não cansa de surpreender e de se superar a cada dia. Resta, então, aguardar e torcer para descobrir quais hits virão na sequência ou mesmo quais parcerias internacionais a poderosa vai firmar. Especulações não faltam, então a expectativa é crescente!

Em um mundo mantido por aparências, é um alívio acompanhar a evolução de ídolos que sejam muito transparentes e que defendam causas importantes para o progresso da sociedade. Anitta faz questão de lutar não só por seus sonhos pessoais, como também pelo que acredita ser correto. Por essas e outras, a gente espera que nossa musa faça ainda mais sucesso por aí e não pare nunca. Nós, seu exército fiel, estaremos sempre ao seu lado.